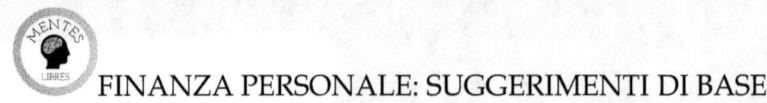
FINANZA PERSONALE: SUGGERIMENTI DI BASE

FINANZA PERSONALE
SUGGERIMENTI DI BASE

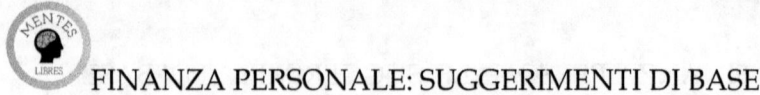

FINANZA PERSONALE: SUGGERIMENTI DI BASE

CONTENUTI

Introduzione

Fai una valutazione

Stabilire obiettivi per una pianificazione finanziaria di successo

Decidi saggiamente le tue spese

Trattare con montagne di debito e credito

Tutto ciò che serve per conoscere le tasse

Saltare sul piano assicurativo giusto

Come ottenere aiuto da esperti finanziari professionisti

Fai da te con software di finanza personale

Risparmio e interesse composto

Fasi di investimento intelligenti

Conclusione

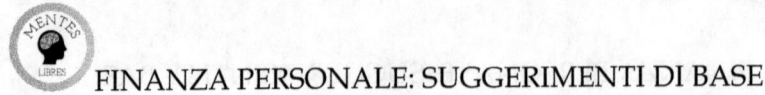
FINANZA PERSONALE: SUGGERIMENTI DI BASE

Introduzione

Essere in cima e consapevoli della propria situazione finanziaria sarà sicuramente un vantaggio che la maggior parte delle persone dovrebbe assicurarsi di avere. Questa consapevolezza darà loro l'opportunità di capitalizzare le situazioni in caso emergano buoni affari. Ottieni tutte le informazioni necessarie in questo libro!!

Potenzia le tue finanze personali: sblocca i principali ostacoli per raggiungere la libertà finanziaria personale

Quando si riconosce di starebene in unasituazione finanziaria, non sempre questa conoscenza contribuirà a creare migliori opportunità e piattaforme di investimento. Questa conoscenza e una valutazione regolare possono anche aiutare a trasformare qualsiasi routine finanziaria attuale in un'opportunità di investimento in forte espansione. Con l'uso delle informazioni sulle finanze, si può anche decisioni di make che assicurano una condizione finanziaria sana.

FINANZA PERSONALE: SUGGERIMENTI DI BASE

Fai una valutazione

Ciò garantirà anche aiuto per la persona che sta cercando di frenare le abitudini di spesa negative. Quando un valutazione viene eseguita periodicamente attiva, è possibile possibilmente identificare le aree che necessitano di attenzione o di controllo. A volte le informazioni apprese dall'esercizio di valutazione possono essere davvero scioccanti, poiché spesso fanno luce sulla situazione in modo molto dettagliato.

La maggior parte delle persone esegue l'esercizio di valutazione per comprendere la loro posizione attuale e come possono effettuare aggiustamenti per adattarsi a qualsiasi investimento per il futuro. Se la sicurezza finanziaria per il futuro non viene presa in considerazione, si verificheranno molti problemi nel tempo in cui la persona non può sostenere se stessa e i suoi familiari a carico.

Le valutazioni finanziarie possono anche aiutarti a prendere in considerazione altre decisioni più importanti per cambiare il tuo stile di vita. Questi possono assumere la forma di investimenti in proprietà, imprese, piani pensionistici e qualsiasi altro tipo di esercizio finanziario vantaggioso. Fornito con una migliore pianificazione, è possibile poi esplorare altre strade, come vacanza piacevole, hobby che richiedono impegni finanziari e qualsiasi altro impegno che richiede un notevole onere finanziario.

Stabilire obiettivi per una pianificazione finanziaria di successo

Idealmente, tutti dovrebbero avere una qualche forma di pianificazione finanziaria. Come comienzes in precedenza questo particolare esercizio, il meglio le possibilità che te trovare in una posizione dove si possono sfruttare le opportunità.

Dove iniziare

Di seguito sono riportati alcuni degli elementi da esplorare quando si cerca di fissare obiettivi per una pianificazione finanziaria di successo:

- Stabilire obiettivi finanziari misurabili è un esercizio che deve essere fatto molto presto per l'individuo. Con questo tipo di pianificazione ben definita, l'obiettivo può essere raggiunto, poiché l'individuo rimane concentrato sugli obiettivi. Questo aiuta anche a progettare un piano che prevede obiettivi molto dettagliati, nei tuoi impegni di base.

- Devono inoltre essere previsti alcuni obiettivi finanziari misurabili che consentano all'individuo di iscriversi di conseguenza. Comprendere le implicazioni degli impegni finanziari sarà senza dubbio un fattore necessario quando si considerano gli investimenti nel loro insieme. Poiché ogni investimento influisce sull'altro, ogni dettaglio deve essere chiaramente delineato quando il processo di definizione degli obiettivi è in fase di pianificazione.

- La valutazione periodica della situazione finanziaria e degli investimenti della persona dovrebbe essere una pratica incorporata in qualsiasi esercizio di definizione degli obiettivi. Poiché potrebbero esserci state diverse modifiche dopo la valutazione precedente, sarebbe prudente che la persona riconsiderasse gli investimenti che non hanno avuto il rendimento desiderato, il che gli consentirebbe di apportare le necessarie rettifiche che ritiene appropriate.

- Pianificare il più presto possibile consentirà all'individuo di esplorare la possibilità di fissare vari obiettivi, che alla fine aiuterebbero a far maturare gli investimenti nel momento opportuno della pensione. Quando le opzioni vengono esplorate con una mentalità realistica, l'esercizio di definizione degli obiettivi garantirà che l'individuo sia in grado di affrontare meglio eventuali deviazioni di qualsiasi tipo.

FINANZA PERSONALE: SUGGERIMENTI DI BASE

Decidi saggiamente le tue spese

Quando si tratta di finanze, la maggior parte delle persone sembra avere difficoltà a prendere decisioni su come i loro soldi dovrebbero essere spesi e su come prendere decisioni sagge che potrebbero influenzare il loro futuro finanziario. Ci sono molte informazioni disponibili, ma trovare modi per far funzionare queste informazioni per te è il trucco per mettere in ordine le tue finanze.

Cosa sta succedendo

Di seguito sono riportati alcuni suggerimenti su come decidere l'abitudine di spesa che sarebbe saggia e saggia:

- Forse uno dei migliori consigli che potresti dare sarebbe quello di imparare ad usare il denaro il più possibile, piuttosto che ricorrere a carte di credito apparentemente convenienti. Qualsiasi altra forma di transazione che non comporta contanti ha la tendenza a indurre la persona a spendere senza avere in mente un importo chiaro e controllato, pertanto l'individuo è spesso ignaro delle sue abitudini di spesa fino a quando non si trova di fronte carta di credito o altri bilanci.

- Il differimento dell'acquisto di articoli che implicherebbero ingenti somme di denaro, a meno che la maggior parte o tutto il pagamento possa essere effettuato in contanti, è un altro modo saggio per gestire le finanze. Ciò aiuterà la persona a concentrarsi meglio sul risparmio per l'articolo e anche a evitare di dover pagare tassi di interesse fenomenali quando i pagamenti vengono effettuati sulla base di un piano di prestito.

- Imparare a negoziare l'affare migliore quando si fa shopping è un buon modo per spendere saggiamente e ottenere comunque l'affare migliore. Inoltre, aiuterà l'individuo ad acquisire abilità che potrebbero aiutarlo in altre aree della vita. Aiuta anche a imparare a sviluppare l'abitudine di essere forti e allontanarsi nel caso in cui il prezzo non rientri nel budget.

- Prgettare un budget adeguato e attenersi rigorosamente al budget aiuterà l'individuo ad aderire a abitudini di spesa prudenti. Questo perché tutto è stato accuratamente pianificato ed è chiaramente elaborato, dando così all'individuo un'idea di ogni spesa sostenuta.

Trattare con montagne di debito e credito

Quando si fatica a far fronte a una montagna di debiti che non sembra calare, non importa quanti sforzi vengono fatti per frenare l'abitudine di spesa, di solito è una questione molto stressante e complicata.

Tuttavia, non tutto è perduto, in quanto vi sono alcuni esercizi che possono essere utilizzati per riportare un po 'di calma nella situazione del debito e del credito.

Esaminalo bene

Di seguito sono alcune delle aree da considerare quando si esamina la gestione del debito e le linee di credito:

Uno dei primi passi da compiere è affrontare la situazione finanziaria frontalmente e prendersi il tempo necessario per comprendere appieno la situazione attuale. In tal modo, l'individuo è in grado di prendere decisioni importanti ed è sicuramente più consapevole di come gestire meglio il debito considerando alcuni modi fattibili per ridurlo.

Annotare tutti i dati finanziari in entrata e in uscita aiuterà l'individuo ad apportare alcune modifiche e prendere una decisione informata su quali debiti dovrebbero essere tassati e privilegiati rispetto ad altri. Ciò dovrebbe essere deciso in base agli interessi maturati sui debiti, contribuendo in tal modo a non accumulare più debiti.

Contattare anche i creditori con l'intenzione di ridisegnare la situazione del debito per renderla più gestibile sarà anche un'opzione da considerare.

La maggior parte dei debitori è disposta ad aiutare, poiché alla fine significherebbe che anche loro saranno in grado di beneficiare del pagamento integrale del debito. Il semplice proseguimento delle attuali condizioni di pagamento non sarà di aiuto e potrebbe persino causare più problemi quando la somma iniziale non viene compensata e i pagamenti servono solo a coprire gli interessi sostenuti.

Sebbene ciò possa comportare dei costi, la ricerca dell'aiuto di un pianificatore finanziario professionale dovrebbe essere esplorata come un'opzione per trovare modi per gestire la montagna del debito. Questi professionisti saranno in grado di fornire una migliore visione d'insieme su come gestire le cose nel miglior interesse dell'individuo.

FINANZA PERSONALE: SUGGERIMENTI DI BASE

Tutto ciò che serve per conoscere le tasse

La maggior parte delle persone presume erroneamente che le tasse debbano semplicemente essere pagate senza inadempienza e secondo quanto indicato nei moduli o nelle fatture presentate. Pochi impiegano il tempo per capire il sistema che calcola le tasse, quindi non dà loro spazio per fare reclami che aiuterebbero a minimizzare gli importi tassati.

Ridurre le tasse

Se viene compiuto uno sforzo concertato per comprendere i sistemi fiscali, l' individuo può anche trovare la possibilità di richiedere e ottenere privilegi. Questi privilegi sono buoni perché idealmente restituiscono il denaro in mano all'individuo e consentono maggiori possibilità di risparmio, dove il denaro può essere utilizzato per altri scopi legittimi.

Di seguito sono riportate alcune aree che possono essere esplorate con l'intenzione specifica di cercare di ridurre le tasse attraverso i privilegi:

- Le detrazioni possono essere effettuate riducendo gli importi delle entrate sulla persona tassata. I calcoli vengono effettuati sul reddito lordo e queste detrazioni vengono applicate se il reddito lordo scende al di sotto di un determinato importo. Ci sono anche detrazioni che possono essere calcolate quando nell'equazione ci sono coniugi e figli a carico. Queste spese sostenute possono essere utilizzate come un elemento che faciliterebbe le rettifiche sul reddito totale, fornendo così una buona piattaforma per capitalizzare sulle detrazioni.

- Vi sono anche possibilità in determinate circostanze in cui le fatture mediche possono essere utilizzate come possibili strumenti di esenzione fiscale. Questa è in particolare la parte dipendente, comporta un disegno di legge a lungo termine e non vi è alcun aiuto esterno da parte dell'organo di governo. Le domande per questi impegni finanziari figurano nell'elenco delle esenzioni fiscali.

- Le spese personali possono anche essere utilizzate per richiedere detrazioni fiscali, in particolare se alcune di queste spese si presentano sotto forma di supporto per altre cause e beneficenza degne.

Saltare sul piano assicurativo giusto

Quando si tratta di scegliere la giusta copertura assicurativa, l'individuo è spesso influenzato dal tono di vendita dato dall'agente che cerca di vendere la polizza. C'è molta fiducia, poiché l'individuo si affida fortemente al consiglio dell'agente che vende il piano.

La maggior parte delle persone non si prende il tempo di leggere ogni dettaglio della polizza che vogliono, prima di prendere un impegno finanziario a lungo termine per il piano assicurativo. Questo, ovviamente, è piuttosto sciocco, ma spesso lo scenario più comune quando si tratta di acquistare un piano assicurativo.

Quale piano scegliere?

Di seguito sono riportati alcuni tipi di piani assicurativi che dovrebbero essere più utili per l'individuo e rappresentano un investimento a lungo termine adeguato da considerare:

- Piani di indennizzo: questo di solito si presenta sotto forma di un importo deducibile prestabilito e offre il massimo grado di flessibilità rispetto alle cure previste e ricevute.

- Piano di organizzazione del fornitore preferito - Questo piano assicurativo fornisce all'individuo la copertura sanitaria pertinente che è per lo più un insieme designato di strutture e pannelli. Nel caso in cui la persona decida di utilizzare le proprie conoscenze mediche, il premio verrà addebitato di conseguenza e sarà generalmente più elevato.

- Piani di organizzazione della salute e della manutenzione: in questo caso, è possibile scegliere il medico di base da un elenco prestabilito di operatori sanitari. I reclami possono quindi essere presentati nella polizza se i servizi di tale struttura sono richiesti in qualsiasi momento. Questo tipo di copertura è generalmente abbastanza generale e potrebbe non coprire esigenze più gravi o specializzate.

- Ci sono anche piani di assicurazione sulla vita e piani educativi che possono essere considerati per ovvi motivi.

FINANZA PERSONALE: SUGGERIMENTI DI BASE

Come ottenere aiuto da esperti finanziari professionisti

Molte persone lavorano duramente per poter godere delle cose più belle della vita, o almeno per poter vivere un'esistenza abbastanza confortevole. Ci sono molti impegni finanziari che richiederebbero l'attenzione dell'individuo e questi impegni crescono sempre più velocemente mentre si avventura verso maggiori esigenze di spesa.

Aiuto professionale

Ottenere l'aiuto di un pianificatore finanziario a volte non è solo una cosa saggia da fare, ma può essere necessario garantire che l'individuo non sia eccessivamente impegnato finanziariamente. Alcune delle decisioni prese potrebbero rendere inutile e paralizzante la situazione dell'individuo a lungo termine.

Di seguito sono riportate alcune delle aree in cui un esperto finanziario sarà in grado di fornire una consulenza adeguata, in modo che l'individuo disponga delle informazioni necessarie per facilitare una scelta informata su un regime di impegno finanziario:

- Un professionista finanziario sarà in grado di fornire consulenza sugli investimenti pianificati, poiché le loro conoscenze in questi settori saranno più profonde e dettagliate. La giusta guida aiuterà l'individuo a prendere una decisione migliore e più informata nella scelta degli investimenti giusti. Questi professionisti sono in grado di calcolare i rischi e mostrare i dati che bilancerebbero bene l'investimento per mostrare i benefici o mostrare una possibile perdita nel caso in cui l'investimento non sia prudente impegnarsi.

- Gli esperti finanziari possono anche fornire indicazioni e informazioni per piani pensionistici e altri impegni finanziari, che consentirebbero all'individuo di godere di una qualità della vita uguale o simile durante la fase pensionistica. L'assistenza fornita in questo settore consentirà all'individuo di prendere buone decisioni sulla base delle informazioni apprese.

Fai da te con software di finanza personale

Per coloro che sono esperti di Internet, ci sono anche molte altre opzioni disponibili in cui l'individuo sarà in grado di ottenere il software che consente di esplorare l'esercizio di pianificazione finanziaria. Questo è l'ideale per coloro che non hanno davvero il tempo di incontrare un pianificatore finanziario personale o che non vogliono essere disturbati da sollecitazioni indesiderate.

Guida del software

Questo software di pianificazione finanziaria può portare a diversi investimenti e consigli, a seconda delle informazioni fornite dal cliente, che in questo caso è la persona che richiede tale assistenza. I piani di investimento offerti sono spesso in linea con le informazioni fornite dall'individuo e sono quindi più adatti in quanto tutti i piani possibili vengono esplorati prima che il piano appropriato sia adattato alle capacità finanziarie dell'individuo.

Le istruzioni dettagliate per tutti i software finanziari consentiranno a quasi tutti coloro che hanno una conoscenza di base di Microsoft Excel di utilizzare il materiale fornito nel miglior modo possibile senza dover sostenere i costi elevati derivanti dall'utilizzo di un pianificatore finanziario. Molti confronti possono essere facilitati attraverso il software finanziario semplicemente digitando i diversi scenari e questo può essere fatto all'infinito. Non è possibile estendere i limiti del software fornendo spesso informazioni finanziarie variabili, tuttavia ciò non è possibile con un pianificatore finanziario in quanto la persona diventerebbe presto irritata ed esaurita con tutti i diversi stili che il cliente vuole provare.

FINANZA PERSONALE: SUGGERIMENTI DI BASE

Uno dei software più diffusi in uso frequente è la suite di software di pianificazione finanziaria completamente integrata che offre quanto segue: opzioni software di pensionamento, proiezioni di budget e flussi di cassa, proiezioni del patrimonio netto, proiezioni multiuniversitarie alunno.

Pianificazione e proiezioni globali dell'asset allocation. Questi software sono collegati tra loro per una completa integrazione e talvolta sono in grado di fornire un'assistenza più competitiva rispetto a quella del pianificatore finanziario.

Risparmio e interesse composto

Essere in grado di ottenere il massimo da una certa quantità di risparmio è qualcosa che la maggior parte delle persone vorrebbe poter godere, ma questo non è sempre possibile, poiché non molte persone sono consapevoli dei vantaggi di scegliere un piano di risparmio adeguato che offre tali "premi".

Quale piano è per te?

Quando si tratta del piano di risparmio che consente agli interessi di accumularsi e quindi aggravarsi, vale la pena lo sforzo e il tempo necessario per esplorarlo in profondità. In termini molto basilari, ciò significherebbe in realtà che l'interesse guadagnato dal piano di risparmio consentirà all'individuo di godere di un importo aggiuntivo di interesse in aggiunta all'interesse esistente. Sebbene sembri molto teorico, è possibile trovare piani di risparmio e di interesse composto che si adattano alle esigenze di impegno finanziario di quasi tutti gli investitori.

Il concetto di base che si applica a questo tipo di piano sarebbe idealmente quello di riservare un importo fisso, per quanto piccolo possa sembrare, per depositarlo in un piano di risparmio che fornisce la piattaforma di interesse composto. Quando questo impegno viene messo in pratica, senza alcuna possibilità di vacillare in esso, gli importi accumulati possono essere piuttosto sconcertanti e questo aiuterà a motivare la persona ad attenersi ad esso più a lungo e con maggiore diligenza. L'idea principale alla base di questo stile di risparmio sarebbe quella di mantenere il denaro nei piani di risparmio il più a lungo possibile e di garantire che la fatturazione sia effettuata in maniera ferma e impegnata.

I tassi di interesse per questi piani sono generalmente calcolati su base giornaliera, il che presenterà una migliore opzione globale per la persona interessata a capitalizzare i piccoli importi investiti.

Fasi di investimento intelligenti

È possibile realizzare piani di investimento intelligenti senza troppi problemi e scartoffie dettagliate.

La chiave per piani di investimento intelligenti risiede principalmente nella capacità di comprendere e prendere decisioni intelligenti.

Prendere il tempo e gli sforzi per comprendere a fondo il piano di investimenti prima di impegnarsi sarebbe il modo migliore per realizzare l'idea di investimento intelligente.

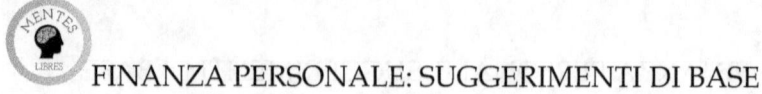
FINANZA PERSONALE: SUGGERIMENTI DI BASE

Alcuni consigli

Di seguito sono riportati alcuni punti da considerare nel tentativo di garantire che gli investimenti effettuati siano vantaggiosi per l'individuo sia nella loro forma attuale che nello scenario a lungo termine:

- Garantire che lo sforzo di comprendere i requisiti e i vantaggi specifici del piano scelto sia forse l'esercizio di esplorazione più importante da intraprendere. Senza questa conoscenza, l'individuo baserebbe il proprio impegno sulle voci degli altri e questo può essere pazzo quando i pagamenti non corrispondono alla promessa percepita del piano.

- No te lasciare insensibile per, fino a quando tutti gli aspetti del piano di impegno finanziario sono state pienamente compreso. Molte persone sono così sopraffatte dal tono di vendita presentato che non si prendono il tempo di leggere effettivamente la stampa fine del piano presentato.

- Diffidare sempre di piani che pubblicizzano benefici "gratuiti", poiché questi sono spesso legati ad altri impegni che non sono normalmente spiegati e che non potrebbero mai essere esplorati fino a quando non si presenta l'opportunità, dove sono presenti elementi "gratuiti" invocato dall'investitore. Nella maggior parte dei casi è solo allora che l'investitore scopre che l'aggiunta "gratuita" non è realmente come è stata inizialmente percepita.

- Ricordate, dovete impegnarvi solo per quello che potete permettervi al momento. Non è una buona idea esagerare, perché potrebbe farti indebitare il tuo investimento e farti perdere tutto quello che ti sei già impegnato a fare.

Conclusione

Mantenere una buona padronanza dei tuoi affari finanziari a volte può essere un compito molto difficile. Utilizzando i suggerimenti sopra, dovresti trasformarti in una passeggiata nel parco. Inizia a vivere una vita molto più comoda, smetti di preoccuparti delle finanze e goditi la vita!

Visita la nostra pagina degli autori su Amazon! E ottenere più libri di MENTES LIBRES!

https://www.amazon.it/MENTES-LIBRES/e/B08274DDV4?ref_=dbs_p_ebk_r00_abau_000000

Se lo desiderate, potete lasciare il vostro commento su questo libro cliccando sul seguente link in modo che possiamo continuare a crescere! Grazie mille per il vostro acquisto!

https://www.amazon.it/dp/B089N7PYSX

www.ingramcontent.com/pod-product-compliance
Lightning Source LLC
Chambersburg PA
CBHW050305220526
45465CB00002B/833